세네갈 국립예술대학교 학생들과 함께 한
소셜 아트 프로젝트

bluefairy 정지은

Projet d'Art Social avec Les Étudiants de l'École Nationale des Arts du Sénégal

목 차

머리말 10

제 1장 학생들과 함께 하기까지
한국에서 19
세네갈에 도착하다 23
유랑 25
자유 6지구에 정착하다 30
국립예술대학교 36
새해 복 많이 받으세요 40
초상화 프로젝트 44
아트 퍼포먼스 48

제 2장 소셜 아트 프로젝트를 하며
소셜 아트 프로젝트 '딸리베 아이들의 꿈' 60
첫 번째 원정 64
두 번째 원정 68
세 번째 원정 72
지지와 반대 76
마지막 원정 I 80
마지막 원정 II 84

제 3장 멈춤, 그리고 계속
코로나19 바이러스, 세네갈에 착륙하다 92
긴급 일시 귀국 95
우리 스스로를 지켜요 99
코로나가 사라지면 우리 예전처럼 꼭 만나요 102
귀국한지 302일째 106
마침내 110

그 밖에 이야기 119

머리말

　무명의 예술인이자 시간강사인 한 여성은 자의인지 타의인지, 아니면 그렇게 될 운명이었는지 한국에서의 일을 모든 일을 정리하였다. 그리고 한국 국제 개발협력단 해외봉사단원이 되었다. 그녀는 자신이 가게 될 것이라고 상상해 본 적 없는 미지의 대륙인 아프리카의 가장 서쪽의 나라 세네갈에 파견되었다. 국내 교육과 현지 적응 훈련을 통해 세네갈에 대한 역사, 정치, 문화 등을 배우며 파견 기간 동안 하고자 하는 여러 가지 계획들을 세웠다.

그중, 가장 하고 싶으나 가장 막연한 계획이 '딸리베 아이들의 꿈'이었다. 다라라는 기숙학교에서 이슬람 성서인 코란을 배우며 수련의 일종으로 길에서 구걸하는 아이들을 딸리베라 부른다. 딸리베는 세네갈 종교의 오랜 문화이지만, 아동 인권 문제로 여전히 국제사회의 이슈이기도 하다. 매체들은 길에서 구걸하는 아이들의 처량함, 학대당한 아이들의 처참함, 다라라는 기숙학교의 비위생적인 환경들을 위주로 고발하는 모습을 담아냈다.

그녀는 딸리베의 비극적인 현실에서 벗어나, 시각을 달리해 그들의 미래에 대해 생각해 보길 바랐다. 그래서 국립예술대학교 조형대학 학생들과 딸리베 아이들을 인터뷰하고 그들의 초상화를 그리며 꿈을 담아내는 프로젝트를 기획하였다. 한 여성의 터무니없는 공상 같았다. 하지만 막막했던 계획들은 느리게, 더디게 실현되어 갔다.

제 1장은 본격적으로 소셜 아트 프로젝트 딸리베 아이들의 꿈을 하기 전에 그녀의 정착과 생활, 그리고 학생들과 함께한 소소한 프로젝트들에 관한 이야기이다. 제 2장은 프로젝트의 실행과 원정에 관한 이야기가 있다. 도시에서부터 먼 지방 깊숙한 곳의 마을까지 다니며 백 명의 아이들을 인터뷰했다. 제 3장은 잠시 멈춰진, 그러나 천천히 계속되고 있는 이야기이다. 그녀는 딸리베 아이들의 꿈을 그림, 책, 영상으로 제작하여 발표하고자 하였다. 그런데 코로나19 바이러스가 세네갈에 착륙했다. 그녀는 작별 인사도 못하고 갑자기 한국으로 떠나야 했다. 많은 일들이 중지되기도 하고, 연기되기도 하고, 취소되기도 했지만, 딸리베 아이들의 꿈은 현재진행형이다.

'딸리베 아이들의 꿈' 두 번째 원정 길에서

제 1장 학생들과 함께 하기까지

한국에서

나는 꿈 많고 걱정 많은 인간이다. 그림을 그리고, 디자인하고, 아트 퍼포먼스를 하고, 또 많은 전시를 했다. 학생들을 가르치고, 예술로 일상을 채우며 그렇게 살아왔다. 그런데 한 사건이 생겼다. 그 사건을 겪고 나서 모든 것이 달라 보였다.

'내가 그린 그림들이 무슨 의미가 있을까?'

'왜 그렇게 전시를 많이 했던 걸까?'

'참 많은 사람들과 어울려 왔구나.'

'한국에서 나의 일은 다 한 것 같다.'

그리고 문득, 더는 이곳에서 살고 싶지 않다는 생각이 들었다. 그런데도 살아내야 한다면, 적어도 한국이 아닌 다른 곳에서 살아 낼 수 있을 것 같았다. 막연하게 가고 싶다고 생각했지만 잊고 살았던 코이카 해외봉사단이 생각났다. 내가 살아낼 수 있는 마지막 수단인 것 같았다. 도피처이기도 했고 해방구이기도 했다. 이상적이었다. 여러 단계를 거쳐 예비 해외봉사단원이 되었다. 8주의 국내 합숙 훈련을 마치고, 아프리카로 떠날 날이 다가왔다.

'아프리카.... 한국에서 아주 먼 곳으로, 오래 떠나 있을 거야.'

비행기를 타기 전까지, 아니 타고나서도, 아프리카 대륙의 하늘을 날면서도 실감이 나지 않았다.

PURITY SOUL

'나름 살아가느라 허덕이며 견디어 왔던 것들에,

균열이 생기기 시작했지.

그 균열들이 내 마지막 남은 힘으로는 막지 못할 만큼 커져 버렸기에.

알량한 자존심이나, 선한 척하는 인간관계 같은 것들,

인간이라면 지켜야 한다고 생각했던 얕은 도덕의 껍질들,

그것들을 하나하나 도려내며,

무너지는 나를 내려다보았지.

그래도 그 순간에,

나 나름 그때 할 수 있는 최선을 다해 살아왔음에

이렇게 된 것은 내 잘못이 아니라 타이르며,

그 가운데에도 내가 잊고 있던 꿈의 자락이 문득 떠올랐기에,

남아 있는 걱정의 무게를 뒤로하고

아득히 먼 곳으로 떠나기로 했지.

오랜 시간, 그곳에 머물 결심을 했지.'

세네갈에 도착하다

　아시아와 유럽 여행은 여러 번 다녀왔지만, 아프리카는 처음이었다. 인천공항을 출발해서 두바이에 도착, 공항에서 경유하고, 두바이에서 출발해서 코나크리에 도착, 비행기 안에서 경유하고, 코나크리에서 출발해서 다카르에 도착했다. 경유 시간을 빼고 순수 비행시간만 22시간이 걸렸다. 아프리카의 가장 서쪽 세네갈에 무사히 왔다. 입국 심사대에는 엄격한 분위기의 제복을 입은 흑인들이 있었다. 2년간 함께 할 나의 짐, 24.5kg의 캐리어와 24kg의 이민 가방과 7kg의 배낭도 무사했다.

　처음 느껴보는 아프리카 세네갈 다카르는 5월 중순 늦은 오후였다. 해안가라 공기가 조금 습하고 살짝 땀이 나는 듯했다. 숙소로 가는 차 안에서 차창 밖 풍경에 눈을 고정했다. 어느 거리에서는 사람들이 모여 시위하고 있었고, 차가 막힌 틈을 비집고 보부상들이 무표정한 얼굴로 무언가를 팔고 있었다. 그리고 웃음기 없는 얼굴로 차창을 두들기며 빈손을 내미는 사람들도 눈에 들어왔다. 그들의 웃음기 없는 표정과 손에 묻은 피곤한 그늘은 세네갈의 생경한 현실을 고스란히 보여주는 듯했다.

　이 낯선 땅에 내디딘 순간부터 묘한 중압감이 밀려왔다. 창 너머로 들려오는 말소리는 억양이 높고 퉁명스러웠다. 마주하는 모든 것이 내게 익숙했던 세계와 달랐다. 차창 밖을 바라보았다. 여기서 어떻게 살지, 두렵다. 그것이 세네갈에서의 첫인상이었다.

알록달록 칠해진 까라핏 Carrapide 버스

유랑

첫날의 인상과는 반대로 가는 곳마다 아름답게 느껴졌다. 바다로 둘러싸인 수도 다카르의 5월 중순은 땀이 나지 않을 정도의 따뜻한 온도와 포근한 듯 불어오는 바람이 있다. 따스함이 스며든 크림색이 있다. 거리 곳곳, 사람들의 모습은 화보같이 멋있다.

'이곳의 색들은 정말 다채롭다!'

매일 실감하고 감탄했다.

'나는 지금 새로운 세상에 살고 있구나!'

여기에서 이렇게 지내는 것에 매일 감사했다. 많은 사람들을 만나고 먹고 자고 방문하며 생활에 적응해 갔다.

5주 동안 수도 근처의 지방 티에스 Thiès 에서 홈스테이하며 현지어와 문화 교육을 받았다. 과거 프랑스의 식민 통치를 받아 쓰이게 된 프랑스어와 대다수를 차지하는 월로프족의 월로프어가 들렸다. 적당한 외로움과 토끼와 거북이, 닭과 병아리, 양, 오리들이 있었다. 마당에는 망고가 주렁주렁 달린 망고나무와 가시 많은 라임나무, 길에는 바오밥나무가 있었다. 하루에 몇 번씩 짧은 정전과 일주일에 몇 번씩 단수가 있었다. 주간에는 금식하는 이슬람교의 라마단 기간이 한 달간 지속되었고, 하루 5번 하는 그들의 기도를 지켜보았다. 술과 담배를 금기시하는 이슬람 교리를 따르는 국민 대다수가 있고, 술과 담배를 자유롭게 하는 천주교와 기독교인들이 잘 어울려 있었다. 설렘 없는 노련

한 환대와 첫 번째이기에 받는 특별한 대우가 있었다. 정전으로 꺼진 선풍기에 대한 짜증이 있었고, 맛있게 점심을 먹고 난 후 노곤한 낮잠이 있었다.

  5주 후, 1주일 동안은 파견될 국립예술대학교 조형학과 학과장인 무아메드 디알로의 집에 머물렀다. 월로프어를 쓰는 월로프족, 플라어로 말하는 플라족, 세레어로 인사하는 세레족을 만났다. 토요일 밤에는 여자끼리 모여 우유에 민트와 치즈를 넣은 차를 마시며 TV로 세네갈 대중가요 장르인 음발라 Mblalx 뮤직비디오 채널을 틀어 놓고 춤을 췄다. 디알로의 아내는 이렇게 말했다.

  "이게 토요일 밤 여자들만의 파티야!"

  무아메드 디알로의 도움으로 학교 근처에 집을 구해 계약하고 들어갔다. 계약 전에 부동산 중개인은 베란다에 방범 그릴을 달아주겠다고 약속했지만, 입주 당일 갑자기 집주인이 나타나 해줄 수 없다고 했다. 방범 그릴은 나에겐 필수 안전 조건이었고 재차 확인한 약속이었다. 약속을 쉽게 저버리고 황당무계한 대안을 내밀었다. 이민 가방, 캐리어, 배낭, 상자 몇 개와 남겨진 나는, 그렇게 몇 시간을 중개인과 실랑이하였다. 약속을 어기고 대충 넘어가려는 것에 타협할 수 없었다. 한 시간 걸려 부동산에 걸어가서 몇 시간 걸려 계약을 파기했다. 짐을 가지고 원래의 임시 숙소로 돌아왔다. 힘들었다. 무아메드 디알로와 연락이 안 되어 서운했다. 도움이 필요할 때 혼자여서 외로웠다. 약속을 어긴 것에 화가 났는데 화났음을 더 표현하지 못해 억울했다.

  아팠다. 설사하고 온몸이 쑤셨다. 어디까지 알아들었는지 어디까지 이해한 것인지 어떤 오해가 있었을지 모르겠다. 친절하게 상대방이 이해할 때까지 차분히 설명해 주는 강한 인내심을 가진 자가 있어야 알 수 있을지 모르겠다.

똑. 똑. 눈물이 떨어졌다.

'나는 5살 아이 같네. 최소한의 단어로 내 요구를 말하고, 요구가 안 통하면 입꼬리가 내려가고, 이내 울음을 터뜨리네. 남의 도움 없이 혼자서 할 수 있는 것이라고는 새로운 것을 보고 신기해하는 것뿐이네. 혼자 하는 것의 한계에 다다라 남의 도움을 받을 수밖에 없음을 받아들이고 기다리네.'

"어서 와. 고생했어."

갑자기 돌아오게 된 임시 숙소 라 메종 블루 La maison bleue의 관리자 알렉산드르 배사르드는 나를 반겨주었다. 내가 감기인 것 같다고 하자 그는 약을 가져다주었다. 참 고마웠다.

"나 더 있어야 할 것 같아."

"그래. 편히 있어."

그리고 그는 자기 친구들을 동원해 집을 알아 봐주었다. 그의 친구네 집에서 열리는 파티에도 나를 초대해 주었다. 일주일에 한두 번은 그의 아들, 딸 혹은 친구들과 저녁식사를 함께했다. 혼자 방안에만 처박혀 있는 날들이 훨씬 많았지만, 가끔 그들과 함께 할 수 있어 좋았다. 그들의 진심 어린 배려와 동행으로 그들과 함께하지 않았으면 경험해 보지 못할 경험을 한 것 같다. 그렇게 한 달을 임시 숙소에서 지냈다.

무심하지만 계획이 있었던 듯한 무아메드 디알로와 그 친구의 도움으로 새로운 집을 알아보게 되었다. 나는 많은 것에 신뢰가 떨어져 있어서인지, 집이 혼자 살기에는 너무 넓었기 때문인지 크게 마음에 들지 않았다. 다른 곳도 더 보고 싶었지만, 학교 근처에 나온 집은 그 이상 없었고 더 이상 임시 숙소에

머무를 수도 없었다. 고추장 비빔 스파게티와 파전을 만들어 임시 숙소 친구들에게 대접하고 와인을 마시고 라이브 공연을 보고 춤을 췄다. 다음날, 드디어 3달간의 떠돌이 생활을 마치고 새로운 집으로 떠났다.

임시 숙소 라 메종 블루의 친구들

오세안, 아스뚜, 마크, 사샤, 아와, 그리고 알렉산드르

자유 6지구에 정착하다

　리베르떼 시스 Liberté 6, 직역하자면 자유 6이라 불리는 동네에 정착하기로 했다. 월세는 20만 세파, 보증금은 한 달 치 월세로 20만 세파, 그리고 중개비는 그만큼인 20만 세파를 지급하고 계약서에 사인했다. 한국으로 치면 4층 건물로 1층에는 약국과 화장품 매장이고 그 위 2, 3, 4층은 한 층에 한 가구씩 거주한다. 내 집은 4층이었다. 한쪽 창에만 방범 그릴이 없었고, 현관문을 열고 들어오자마자 건물 중앙 쪽에는 가로 1.5m x 세로 1m 정도가 창도 없이 아예 뚫려 있었다. 그곳에서 바깥쪽 아래를 내려다보면 아랫집도 같은 부분이 뚫려 있어 내부가 잘 보인다. 많은 집들이 중앙을 뚫어 놓았다. 완전히 뚫려 있어 바람이 잘 통해 선풍기보다 시원할 때도 있다. 바람이 잘 통해 모래를 실어 나른다. 비가 오면 온전히 실내로 들어온다. 바닥은 쓸고 나면 바로 모래가 쌓여 누렇다. 어쨌든 나는 짐을 들고 그 집에 들어갔다. 생애 첫 독립이 우여곡절 끝에 아프리카 세네갈 다카르 리베르떼 6에서 시작되었다. 늦은 오후가 되어 대충 바닥을 쓸고, 바닥에 비닐을 깔고, 그 위에 한 달 전 사두었던 내 키보다 작은 썬 배드용 얇은 매트만 깔고 잤다.

　부동산 중개인 아다마 케이타는 진심으로 성심성의껏 나를 도와주었다. 입주하는 날, 짐 옮기는 것을 도와주었고 그다음 날 중고 시장에 안내해 주고, 중고 매트리스와 중고 미니 냉장고를 사는데 한나절 땀을 흘리며 동행해 주었다. 여러 날 동안 전력회사와 수도회사에 들러 명의 이전하는 것도 그 덕에 했다.

'말도 못 하고 뭐가 뭔지도 모르는 내가 혼자서 어찌할 수 있었을까?'

중개비를 준다고 다 그렇게 해 줄 리 만무하다. 그는 뚫린 곳에 나무판을 대어주었고 방범 그릴 설치 기술자와 계약하고 시공하는 일에 함께해 줬다. 예산이 매우 부족하여 먹고 자는 것에 필요한 최소한만 구매했다. 의자는 돗자리로, 테이블은 상자로 대신했다. 침대 받침대 없이 매트리스만으로, 세탁기 없이 손빨래하고, 온수기 없이 냉수만으로 살아 봐야 했다.

집은 부엌, 첫 번째 방과 그 안에 화장실, 복도, 두 번째 방과 그 안에 화장실, 다이닝룸, 손님용 화장실, 리빙룸, 세 번째 작은방으로 구성되어 혼자 살기에 무척 컸다. 그럼에도 그만한 월세에 구할 수 있는 집은 이곳이 유일했다. 혼자 청소하자면 당장 잠자리도 어렵고 막막했다. 그래서 임시 숙소 청소 담당이며 친구가 된 소피 삼부에게 온통 모래와 먼지인 집안 청소를 도와 달라고 전화했다. 그녀는 자기 일이 끝난 후 찾아와 줬다. 소피 삼부는 자진해 며칠을 와서 꼼꼼하며 기술적으로 청소를 도와주었다. 정말 성의를 다해주어 감동했다. 우리는 같이 밥 먹고 얘기도 많이 했다. 그때의 유일한 친구였다.

집의 동쪽에는 모랫바닥 축구장이 있고, 서쪽에는 재래시장이 있고, 남쪽에는 초등학교가, 북쪽에는 강당이 있었다. 아침엔 집 바로 옆 닭 파는 가게에서 수십 마리 닭이 울었고, 오전엔 초등학교 운동장에서 아이들 소리가 생생히 들렸고, 오후엔 축구하는 소리가 들렸다. 주말은 밤새 강당에서 파티하는 음악 소리가 4층인 내 집까지 흔들리게 하였다. 하루 다섯 번 이슬람교 기도 소리가 온 동네를 휘감았으며, 지상에서 지나가며 나누는 대화와 자동차, 오토바이, 말 마차 소리는 4층에 있는 내가 마치 1층에 있는 것처럼 생생했다.

반면, 집에서 동쪽으로 걸어서 15분 거리에는 대형마트가, 집에서 서쪽으로 걸어서 15분 거리에는 파견기관인 국립예술대학교가 있었기에 걸어서 이동할 수 있음으로 교통비를 줄일 수 있는 것이 제일 큰 장점이었다. 이렇게 해서 자유 6 지구 동네에 완전히 혼자 정착하게 되었다.

리베르떼 시스 Liberté 6 에서

'TV 다큐멘터리에서만 보던 종교, 사람, 음악, 음식, 옷이 있는 대륙의 한 나라.
내가 가게 되리라고, 살게 되리라고 생각해 본 적 없는 아프리카에서,
영화 속 주인공 같은 사람들을 만나고,
그들에게 예술을 가르치고 또 나도 배우고 있어.
30대 중반에 이런 낯선 곳에서 처음으로 혼자 살게 될 줄 전혀 상상도 못 했지.
이 땅에 내려 차를 타기 전까지, 집을 계약하기 전까지.
집을 계약하고 이사해서 살기 전까지, 물이 나오고 밥을 해 먹기 전까지.
첫 수업에 들어가기 전까지, 그 수업을 끝 맞추기 전까지 실감하지 못했지.'

국립예술대학교

처음 학교에 방문했을 때 '안녕하세요'라고 먼저 인사를 건네준 여학생이 있었다. 한국 노래가 좋아 한국어를 독학했다는 그 카렌 팔 덕분인지 학교가 반갑게 느껴졌다. 장학금 인상을 요구하는 학생들의 파업이 있었지만 그래도 자신의 작품을 묵묵히 만들고 있는 학생들에게서 순수한 열정이 느껴졌다. 다들 밝고 친절했다. 언제나 기다림의 연속이었지만 익숙해진 덕분인지 이들을 바라보는 게 즐거워서인지 지루하지 않았다.

반면 학교의 환경은 열악했다. 학교는 두 채의 빌라 주택을 임대해서 사용했는데, 두 건물 간의 거리가 1km 정도 되어 오고 가기 어려웠다. 무더운 날씨임에도 대부분의 강의실은 선풍기가 없었다. 정전과 단수가 잦았다. 창문을 통한 자연 바람에 의지했다. 학생들은 그 바람에 더위를 삭히며 합주했다. 작고 낡은 강의실과 화장실, 녹색 칠판 등이 있었다. 되도록 물을 마시지 않고 되도록 화장실에 가는 것을 참았다. 다행히 전에 파견된 코이카 단원들의 현장 사업으로 음악과에는 에어컨이 갖춰진 전자 피아노실이, 조형학과에는 에어컨이 갖춰진 멀티미디어실이 있었다.

'더 나은 환경을 위해 이들에게 정말 필요한 것은 무엇일까?'

세네갈은 프랑스의 교육제도를 따르는 편이라 대부분 11월에 새로운 학년을 시작했다. 국립예술대학교는 10월에 신입생 선발을 위한 입시 시험을 치렀다. 실기 4과목과 논술, 면접시험이 며칠 동안 계속되었다. 나는 신입생 실기 과목

시험 감독을 했다. 어떤 학생의 그림은 이미 기본이 잘되어있어 보였고, 어떤 학생의 그림은 순수함이 가득해 미소가 지어졌다.

'이 가운데 누가 합격해서 나와 함께 하게 될까?'

'어떤 학생은 유명한 예술가의 길을 가게 되겠지?'

오전 11시경 정전된 학교에서

학생들은 핸드폰 전등을 켜고 노래를 흥얼거리며 그림을 그리네.

새해 복 많이 받으세요

11월 학교가 개강했다. 나는 1학년 신입생을 위한 신설 과목 드로잉과 창작 Dessin et création을 개설해 수업하게 되었다. 학교장이 된 무아메드 디알로와 새로운 조형학과 학과장 녜예 아스뚜 파예는 나의 중급 정도의 언어 실력에도 믿고 수업을 맡겨주었다. 첫 수업에는 세네갈 전통 의복 중 하나인 따이바스 (Taibass: 강렬한 색채와 화려한 무늬의 왁스 Wax라고 불리는 소재를 바탕으로 소매와 밑단에 러플이 달린 블라우스와 발을 덮는 긴 스커트 세트)를 입고 갔다. 입시 실기 시험 때 보았던 학생들이 있었다. 미리 수업 자료를 만들고 프랑스어로 대본을 써서 외운 덕분인지, 학생들이 나를 이해하려는 열린 마음 덕분인지 수업 시간에 진땀은 조금 났지만, 수업계획대로 진행되었다.

매시간 항상 몇몇은 늦었고 몇몇은 결석해서 너무 속상했는데, 내 수업뿐만 아니라 학교 전체 분위기가 학생들의 결석과 지각에 관대했다. 알 수 없는 버스 배차간격과 교통체증, 각종 개인 사유 때문일 것이다. 이렇게 속상함, 안도감과 함께 수업 준비를 하고, 수업하고, 다른 수업 참관을 했다. 12월 크리스마스와 1월 1일이 포함된 짧은 2주의 방학이 지나고 학교 수업이 계속되었다.

어느덧 2월, 한국의 음력 설 구정이 되었다. 세네갈은 평범한 날이었지만 나는 나름의 설 잔치를 준비했다. 동네에서 제일 친한 친구 파프 쉐흐는 의상실을 운영한다. 2달 전에 그 친구와 원단 시장에서 원단을 샀다. 한국에서 가져온 생활 한복을 보여주고, 치수를 재고, 사 온 원단으로 한복을 만들어 달라고 했다.

파프 쉐흐는 내 주문대로 심플하고 예쁜 한복을 만들어 주었다. 나는 한복을 입고 노리개도 달고 머리를 묶고 댕기도 달았다. 한국에서도 입는 일이 아주 드문데 이곳에서 입고 나가려고 하니 창피했지만, 곧 익숙해졌다.

　마침 중간 평가 기간이라 지금까지 수업 시간에 익힌 4가지 드로잉 기법을 응용한 작품들을 소규모로 전시해 보기로 했다. 그러면서 깜짝 설 잔치를 하려고 했다. 한글 플랜카드, 학생 한글 이름표 등을 혼자 즐겁게 준비했다. 2주 전부터 학생들에게 오늘의 전시와 평가를 열심히 준비하고 늦지 않고 결석하지 않기를 누누이 당부했다. 나 혼자 설레었을지도 모르겠다. 어김없이 몇몇은 늦게 왔고 준비도 하지 않았고 작품 디스플레이도 건성이었다.

　'나 혼자만 좋아서 하는 것인가?'

　학생들에게 서운함을 느껴서 인지 눈물이 나오려 했다. 웃음을 지으려 노력하며 정돈을 시키고 디스플레이를 도왔다. 늦게라도 다 와서 모두 출석하였고 모두 디스플레이를 하였고, 결국엔 모두 부듯해하면서 한국어를 외쳤다.

　"새해 복 많이 받으세요."

　준비해 간 약과를 함께 나눠 먹었다. 사소한 것 하나하나에 실망하고, 속상해하면서도 그들의 말 한마디, 웃는 모습을 보면 또 행복했다.

"새해 복 많이 받으세요."

초상화 프로젝트

파견되기 전부터 구상해 온 여러 프로젝트가 있었다. 파견된 지 1년이 지나서야 시작할 수 있게 되었다. 세네갈의 환경에 적응하고, 학교 시스템을 익히고, 학생들과 유대관계를 형성하고, 수업을 통해 학생들의 실력이 발전할 시간이 필요했기 때문이다. 한국에서 나는 걷는 속도, 먹는 속도, 행동 등이 느린 편이었다. 이곳의 속도는 더욱 느린 편이었기에 그 속도에 맞춰 천천히 일을 진행해야 했다.

나는 국내 교육 당시, 10여 명의 단원들에게 태블릿으로 그림 그리는 것을 알려주고 모든 단원들과 직원분들 100여 명의 초상화를 그려 전시했었다. 이처럼 학교에서의 첫 번째 프로젝트로 학생들과 함께 조형학과에 관련된 모든 사람의 초상화를 그려 전시하고자 했다. 학교장과 조형학과 학과장에게 내 계획을 알렸다. 학교장, 조형학과 학과장을 비롯하여 조형학과 교수, 시간강사, 학생, 행정 직원, 회계 직원, 비서, 경비원, 청소원까지 모두 그리고자 했기 때문이다.

나의 수업을 듣는 조형학과 1학년 학생 15명 모두 적극적으로 참여하고 싶어 했다. 신이 났다. 자신이 그릴 인물을 정하고 만나서 사진을 찍고, 자신이 하고 싶은 재료를 사용해서 자신만의 개성이 있는 무채색의 초상화를 그리는 것이다. 나는 계획 일정을 세우고, 재료를 준비해 주고, 시범을 보이며 다양한 기법들을 가르치고, 작가와 모델을 매칭 시켜주는 등, 이 프로젝트를 이끌며 지원했다. 한 달이 넘게 걸렸다. 학사 일정상 종강 기간이 되었다. 몇몇은 제때 자신이 맡은

바대로 작품을 제출했다. 그리고 긴 방학이 시작되었다. 몇몇은 별말 없이 작품도 제출하지 않았다. 나는 지쳐갔다.

'괜한 일을 벌인 게 아닐까?'

"다른 학생들은 작품을 끝내지 못했나 봐. 가지고 오지도 않아. 이 프로젝트를 끝내지 못할 것 같아."

"우리가 그들의 몫까지 할게요. 우리는 이 프로젝트를 끝까지 할 거예요."

방학임에도 학교에 나오며 이렇게 말한 몇 명의 학생은 이 프로젝트를 완료하기 위해 진심으로 노력했다. 다시 힘이 났다.

'그래. 이렇게 하고 싶어 하는 학생들이 있는 한, 힘들어도 꼭 끝까지 해야지!'

각자 그린 79개의 초상화를 모아 하나로 배치하며, 전체를 봤을 때 'ART' 형상이 나오도록 배경을 수정했다. 그림을 그린 천을 일일이 다림질하고 스캔했다. 모델 개개인에게 그림파일과 그림을 모아 편집해 만든 영상을 보내줬다.

그리고 파프 쉐흐에게 재봉틀을 사용해도 되는지 물었다. 그는 아무 대가 없이 자신의 의상실에서 자신의 재봉틀을 쓰게 해 주었다. 그래서 나는 총 80개의 조각을 배치대로 이어 박았다. 가로 420cm x 세로 120cm 하나의 대형 협동 작품이, 첫 번째 초상화 프로젝트가 완성되었다.

2019년 예술의 초상

'우리는 지금 우리와 함께한 이들, 함께한 공간의 사람들을 기록한다.
 적어도 같은 공간, 같은 시간에 있었던 이들을….
 이들과 우리는 우리의 그림 속에 존재하게 된다.
 우리는 적어도 우리를 기억한다. 같은 시간에 있었음을….'

아트 퍼포먼스

작품이 있으면 전시해야 더 빛이 난다. 노래가 공연장에서 불릴 때 더 큰 감동이 오듯이…. 내 계획은 초상화 프로젝트를 전시로 마무리하는 것이었다. 작년, 국립예술대학교 조형학과 졸업 전시회는 시내의 큰 미술관에서 했었다. 올해도 그러하리라 생각하고 그 시기에 맞췄지만, 이번에는 사정상 미술관 대여가 불가하다고 했다. 그래서 졸업 전시는 없고 학교 내에서 조촐히 졸업 평가만 했다. 학교에라도 초상화 프로젝트의 작품을 전시하고 싶었지만, 공간이 없었다. 가장 긴 복도도 가로 420cm의 작품을 걸기엔 짧았다. 참 안타깝고 속상했다. 학생들도 많이 아쉬워했다.

학생들과 대책을 논의하다가 현지인들이 붐비는 주말의 요프 Yoff 해변에서 전시하기로 했다. 해변에서 방갈로, 돗자리 대여 아르바이트를 하는 무아메드 샌이 그곳을 사용해도 된다고 사장의 허락을 받아왔다. 새로운 장소가 생기니 새로운 퍼포먼스 아이디어가 떠올랐다. 나는 대략적인 퍼포먼스 계획을 그림으로 그려 가며 학생들에게 설명했다. 학생들은 낯설어하면서도 꼭 참여하고 싶다고 했다. 날짜와 시간, 준비물을 정하고 늦지 않기를 신신당부했다. 이브라이마 발라야라는 자신이 늦으면 바다에 빠지겠다고 했다.

'정말 늦지 않을까? 늦는다면 자신이 정한 벌칙을 지킬까?'

몇은 아주 적극적이고, 몇은 말만 앞서는 것 같고, 몇은 어떤 마음인지 모르겠다. 신이 나서 열심히 이것저것 준비하면서도 나 혼자 좋아서 하는 것인지 자문하고 문제가 생기지는 않을지 걱정했다.

'과연 학생들이 약속 시간에 맞춰 올까?'

생각하며 초상화 작품과 물, 간식을 준비해 갔다. 약속한 장소는 바닷가, 해변 한가운데, 많고 많은 그늘막 중 하나였고, 약속한 시각은 태양이 바다 한가운데 제일 높이 떠 있는 오후 한 시였다. 어떤 사람은 강렬한 햇볕과 땀나는 더위를 피해 그늘막 아래 돗자리에서 쉬기도 하고, 어떤 사람은 긴 모래사장을 트랙 삼아 달리기도 하고, 어떤 사람은 뒤로 달리기도 했다. 몇몇 아이들은 안장 없는 말을 타고 거닐기도 하고, 또 몇몇 아이들은 발가벗고 바닷물에 뛰어들어 짠 물방울을 흩날렸다. 어떤 청년들은 깊이를 알 수 없는 짙은 청록색 바다에서 반짝이게 수영했다. 한가롭고 여유로운 주말 오후의 요프 해변이었다.

"우와~ 와우!"

약속한 시각보다 모두 먼저 와서 준비하는 모습에 감탄했다. 미리 말한 대로 퍼포먼스 영상을 찍기 위해 무채색 의상도 갖춰 입고 왔다. 파프 녜베 가사마는 방학이라 지방에 있는 본가에 있었는데 새벽에 4시간 동안 버스를 타고 오전에 해변에 도착했다고 한다.

'처음이야. 약속시각 전에 다 오다니, 알아서 준비하고 있다니….'

'다행히도 나 혼자 좋아서 하는 일이 아니었나 봐. 내 마음이 통했나 봐.'

진심으로 나를 믿고 따르는 것이 느껴졌다.

모두 함께 자발적이고 적극적으로 행동했다. 주변 청소를 하고, 나무 기둥에 초상화 프로젝트 작품을 걸고, 슬로건을 그리고 색칠하고, 정리했다. 여러 번의 리허설 끝에 내가 기획한 대로 천천히 그리고 점점 빠르게 예술의 길을 즐기며 걸어가는 우리를 표현한 영상을 찍었다. 학생들도 새로운 아이디어를 내놓았고 즉석에서 촬영을 더했다. 개인 퍼포먼스는 정말 각자의 뚜렷한 개성이 느껴졌다. 즉흥적인 상황에서의 창의적인 모습에 또 감탄했다. 하늘과 바다 사이에 그림을 걸고, 우리와 바람만이 아는 전시를 하고, 그 해변을 지나가며 쳐다보는 사람들이 있는데도 아랑곳없이 우리만의 행위에 열중했다. 상상치 않게 충만하게 행복한 날이었다.

요프 해변에서 초상화 전시

'이것이 반나절뿐인 짧은 우리만의 전시일지라도,
우리만의 퍼포먼스일지라도….
이것이 우리만의 축제여서, 아무도 알지 못한다 하더라도….
우리는 기억할 것이다.
이것은 분명, 오로지 우리의 축제였음을….

그리고 생각했다.
이것이 우리에게 마지막일 수 있다고….
이렇게 아이디어를 순수하게 표현할 기회가 다시없을지도 모른다고,
이것이 평생의 마지막, 다시없을 퍼포먼스일지도 모른다고….

그러나 확신했다.
이것은 아주 특별한 경험임을, 평생 기억될 것임을….'

.

그들에서 우리가 되기까지

'검은 개미 왕국에 어찌어찌하여 들어간 빨간 개미 한 마리처럼,
어떤 부분은 그들과 확연히 다른 나를,
그들이 조금 다르게 대하기도 했지.

설렘보다는 걱정이 더 많이 되는 날들,
한 번 아닌, 매번 쌓이는 실망들,
그래서 기대보다 체념을 더 많이 하게 되지만,
그럼에도 나는 늘 그들과 함께하는 상상을 하고 새로운 계획을 세워.

천천히 느리게 끝이 없을 것 같은 기다림이 있어도,
언젠가 보면 행하였지.

예정대로는 아니지만,
어쩌면 너무 늦은 거 아닌가 싶어도
어느 때에는 이루어지기도 하지.

그들과 나,
서로 마음이 동해서, 마음이 통해서, 좋아서 하는 우리만의 퍼포먼스,
그렇게 우리는 스스로 좋아서 함께 즐겁게 움직이고 있었어.

상상해 보지 않아서,
상상해 볼 수도 없어서,
너무 낯설기만 할 것 같았던 모습.

그 속에 자연스럽게 내가 어울려 있어.
그 현재에 내가, 거기에 있어.
나는 그들과 우리가 되어,
대서양의 어느 모래사장에서 춤을 추고 있었어.'

제 2장 소셜 아트 프로젝트를 하며

소셜 아트 프로젝트 '딸리베 아이들의 꿈'

긴 방학 동안에는 한글을 배우고 싶어 하는 학생들에게 한글을 가르쳐줬다. 우기에는 집 천장에서 빗물이 뚝뚝 떨어져 바닥이 첨벙첨벙하였다. 친한 분들과 여기저기 다니며 즐겁게 놀았다. SDGs 홍보 캠페인 행사 등에 참여했다. 여러 군데에 디자인 재능 기부를 했다. 프랑스 어학 능력 시험을 봤다. 열심히 봉사하고 알차게 즐기고 공부하고, 또 예기치 않은 어려운 문제에 힘들어하기도 한 방학이었다.

11월이 되고 새로운 학년이 시작되었다. 초상화 프로젝트와 아트 퍼포먼스를 함께 한 1학년은 2학년이 되었다. 나는 작년 신설한 1학년 과목 드로잉과 창작에 이어, 3학년 시각디자인 전공과목 스토리텔링 일러스트레이션 L'illustration narrative을 신설하였다. 2학년 학생들과는 계속해서 동아리 활동으로 만나기로 했다. 새 학년에 새로운 학생들과 새로운 수업에 적응하는 시간을 충분히 가졌다. 크리스마스가 포함된 2주간의 짧은 방학이 지나고, 본격적으로 소셜 아트 프로젝트 활동을 시작했다. 2년 전부터 계획해 온, 계획하면서도 실현되기 아주 어렵겠다고 생각해 온 프로젝트였다. 추진 배경은 이러했다.

세네갈에는 딸리베 Talibé 라 불리는 아동들이 여러 가지 이유로 다라(Daara: 세네갈 이슬람 기숙학교)에 들어가게 되고, 코란을 배우며 길에서 구걸을 해야 합니다. 다라는 의식주가 힘든 열악한 생활환경이고, 간혹 가혹한 구타 등이 발생하기도 하여 기본 아동 인권은 보호받기 어렵습니다. 많은 사람들은 이를 안타깝게 생각하고 개선되기를 바라고 있습니다.

이에 국제기구 및 세네갈, 그리고 한국에서도 주의를 기울이고 있습니다. 꾸준히 딸리베 인권 침해 문제를 제기하고 있는 국제 인권 감시 기구 HRW는 세네갈 딸리베 실태 보고서에서 세네갈에 총 10만 명의 딸리베가 있다고 발표하였고(2019. 12. 16), 세네갈 정부에 인권 처우 개선을 위한 조치의 시행을 권고하고 있습니다. 세네갈 여성 주민 지역사회 모임인 은데이 다라 Ndeyi Daara 에서는 다라 인근에 거주하며 딸리베들이 필요로 하는 것을 살피고 지원하고 있다고 합니다. 많은 세네갈 예술가도 이를 주제로 예술 활동을 하고 있습니다. 세네갈 내 DA 미국 국제 학교 교사들은 딸리베 센터를 운영하여 보살피고 있다고 합니다. 그리고 한국에서도 예전부터 많은 관심이 있어 희망 TV, MBC W 등에서 취재, 방송이 되었다고 합니다. 한국 어린이 재단에서는 후원받아 딸리베들과 결연시켜 환경과 인권 개선을 할 수 있는 활동을 하기도 했습니다. 많은 매체에서 세네갈 종교 문화 속에서 고통받는 딸리베들의 극한적인 실상에 초점을 두고 개선을 위해 노력하고 있습니다.

이와 추구하는 바는 같지만, 관점을 달리하여 딸리베들의 현재 얼굴과 그들의 미래를 바라보고 발전할 수 있는 방향을 생각해 보는 기회를 만들고자 합니다. 10만 명의 딸리베가 보다 나은 환경에서 다양한 교육을 받을 수 있다면 그들의 미래뿐만 아니라 세네갈의 발전도 기대할 수 있기 때문입니다. 이에 많은 사람들의 바람처럼 아동 인권이 보호받고, 그들이 다양한 꿈을 꾸고, 그 꿈이 이루어지기를 바라며 소셜 아트 프로젝트 '딸리베 아이들의 꿈'을 기획하였고, 국립예술대학교 학생들과 함께 딸리베를 만나 인터뷰하고 의류와 간식을 제공하고, 다라에 방문하여 봉사활동을 할 예정입니다. 이와 함께 인터뷰 내용을 바탕으로 다양한 예술 작품을 제작하여 많은 대중에게 선보임으로써 딸리베의 미래를 격려하는 장을 만들고자 합니다.

지구촌의 미래, 다양한 꿈을 꿀 수 있는 세상을 바라며

첫 번째 원정

　작년부터 소셜 아트 프로젝트를 할 것이라고 학생들에게 말했었고 참여하고 싶다는 학생들이 있었다. 계획과 목적, 목표, 활동 내용, 일정 등을 문서로 정리하였다. 첫 번째 회의 날, 참여하고 싶다고 리스트에 적었던 학생들의 반의반이 참석했다. 그다음 주 회의에 몇 명이 더 와서 다시 설명하고, 그다음 주 회의에 몇 명이 더 와서 또다시 설명했다.
　'역시 항상 변수가 있지.'
　몇 주의 제자리걸음을 하며 학생들과 브레인스토밍하였다. 학생들은 진심으로 딸리베 아이들이 더 나은 생활을 하길 바라며 참여했다. 가장 열의 있는 이브라히마 발라야라와 무아메드 샌은 마라부(Marabout: 이슬람 종교 지도자이자 다라의 지도자)를 만나 다라를 섭외했다. 여러 가지 의견들 중 하나는 딸리베들에게는 옷이 가장 필요하니 그것을 선물하면 좋겠다는 것이 있었다.
　"옷을 사야 하면 우리 모두 돈을 내야 해. 그래도 괜찮아?"
　"당연하죠. 이건 우리 모두의 바람이에요."
　"너희 마음은 정말 아름답다."
　"우리는 당신의 마음이 고마워요."
　다행히 우리의 계획을 전해 들은 세네갈 코이카 사무소 직원분들이 티셔츠를 기부해 주셨다. 그러나 섭외한 다라는 원정 일주일 전 거절 의사를 전해왔다.
　"그럼, 길에서 딸리베 아이들을 만나보자!"

이렇게 첫 번째 원정의 날짜와 시간이 정해졌다. 지각하면 자진해서 벌금을 내기로 했다. 딸리베 아이들은 코란을 배우기에 대부분 프랑스어를 알지 못한다. 월로프어나 다른 부족어를 통역할 사람, 아이들의 인터뷰를 기록할 사람, 사진과 영상을 촬영할 사람 등 2그룹으로 나눠 인터뷰를 위한 역할 분담과 시연도 했다. 수업이 없는 토요일, 조금 덜 뜨거운 오전, 학교 앞에서 모였다. 세 명이 늦었다. 모두 필요한 것을 챙기고, 설레고 비장한 마음을 품고 떠나기 전 단체 사진을 찍었다.

　우리의 활동은 이러했다.

　'길거리를 다니다가 딸리베 아이들을 만나면 인터뷰와 사진 촬영 의사를 묻는다. 이에 응한다면 이름과 나이, 미래의 꿈을 묻고 얼굴 사진을 찍는다. 답례로 티셔츠와 간식을 준다. 사진은 그림을 그리기 위한 용으로, SNS 같은 외부 공개는 절대 하지 않기로 한다.'

　반나절을 걸어 다니며 총 24명을 인터뷰하고 40여 명에게 간식을 제공했다. 우리를 지켜보던 어떤 사람은 우리의 프로젝트에 관심을 두고 도움을 주고 싶어 하기도 했다. 이렇게 함께 걷고 아이들을 만나는 자체가 행복했다. 첫 원정, 모두 보람 있어 했다. 학교 주위의 동네들을 돌고 2그룹 모두 학교에서 다시 모였다. 마침, 한국의 구정 설날이었기에 나는 피자를 사서 학생들과 나눠 먹고자 했다. 인터넷을 검색하던 한 학생이 물었다.

　"오늘 한국에선 새해 첫날이네요?"

　"응, 맞아. 그래서 우리 피자 파티하는 거야."

　자연스럽게 설 잔치가 되어 새해 복 많이 받으라는 말을 주고받았다.

'아이다 은자예,

자밀라 이누사,

아이다 은자예 은다오,

무아메드 압달라 게예,

스텔 만디,

무아메드 샌,

아스뚜 지은 정,

이브라히마 발라야라,

파프 녜베 가사마,

이드리사 디아위'

소셜 아트 프로젝트 '딸리베 아이들의 꿈' 첫 번째 원정을 기념하며

두 번째 원정

첫 번째 원정을 마치고 인터뷰 결과를 토론하고 자료를 정리하였다. 그리고 두 번째 원정 계획과 작품, 전시 회의를 했다. 다카르 시내에 있는 다라를 섭외하는 것은 이루어지지 않았다. 하지만 우리는 실망하지 않았다.

"지난번처럼 길에서 만나 인터뷰해요."

"이번엔 작년에 갔던 요프 해변을 목적지로 걸어봐요."

이렇게 두 번째 원정의 날짜와 목적지가 정해졌다. 저번처럼 토요일 오전에 모여 이번엔 좀 더 편한 마음으로 출발했다. 학생들은 딸리베 아이들을 만나면 인터뷰 의사를 묻고, 그것에 응하면 이름과 나이, 꿈을 물었다. 자신의 나이를 모르는 아이도 있었고, 다른 나라에서 온 아이도 있었고, 통역할 수 없는 부족어를 쓰는 아이도 있었다. 대부분 코란 선생님, 운전사, 축구선수가 꿈이라고 했고, 꿈이 없다는 아이도 있었다. 자신의 몸보다 너무 큰 옷을 입거나 너무 작은 옷을 입은 아이, 신발을 신은 아이, 맨발인 아이가 있었다. 우리는 더 깊이 묻지 않았다. 아픔을 들추고 싶지 않았다. 우리의 역할은 그들의 지금보다 미래에 집중하는 것이었다. 인터뷰 후에 학생들은 딸리베 아이들과 서로를 위하여 기도하였다.

음식과 돈을 얻으러 나왔다가 기도 시간이 되어 다라로 돌아가는 한 딸리베를 만나 우연히 어느 다라에 방문하게 되었다. 아이들은 코란 선생님과 임시 건물 흙바닥에서 책을 놓고 코란을 공부했다. 학생들이 인터뷰를 위해 마라부의 허락을 얻으려 했지만, 외출 중이라 만날 수 없었다. 아이들에게 간식을 주고 다시 길을 걸었다. 또 다른 딸리베를 만나 다른 다라를 방문했다. 아이들은 3층 건물 옥상 천막 안에서 생활하는 듯했다. 이번에도 다라 안에서의 인터뷰는 할 수 없었다.

내비게이션 없이도 학생들은 길을 잘 알았다. 시내를 가로질러 목적지 해변에 도착했다. 해변에서도 많은 아이들을 만났다. 다라에서 딸리베 생활하다가 부모에게 돌아가 일반 학교를 다니는 아이도 있었다. 27명의 아이들을 인터뷰하고 50여 명의 아이들에게 간식을 제공했다. 파란 하늘과 파란 바다, 하얀 구름과 하얀 물거품을 뒤로하고 아이들이 모였다. 우리는 아이들의 꿈을 들었다. 그리고 우리의 꿈을 설명했다.

"우리는 너희를 그리고, 전시할 거야."

인터뷰를 끝내고 우리는 한참 말없이 바다를 바라봤다. 그리고 작년 퍼포먼스가 끝나고 먹었던 것처럼 물고기 요리를 먹었다.

두 번째 원정 중에 요프 해변에서 만난 아이들

세 번째 원정

딸리베 생활을 했던 무아메드 샌이 자신이 지냈던 내륙 지방, 뚜바 링게르 Touba lingère의 다라를 방문하고 돌아왔다. 자신의 마라부가 인터뷰와 방문을 승인해 줬다고 했다. 북쪽 해안 지방, 생 루이 Saint-Louis가 고향인 이드리사 디아뉘도 주말에 부모님 댁에 다녀오며 다라 방문을 승인받았다고 했다. 게다가 숙식까지 제공해 주실 수 있다고 했다. 정말 기쁜 일인데, 지방이라 마냥 기뻐할 수만은 없었다. 수도인 다카르는 몇 시간이 걸려도 걸어갈 수 있지만 버스 타고 5시간 이상 가야 하는 지방은 당일로도 어렵고 교통비며 기타 여비가 들기 때문이다. 교통, 인원 등을 더 알아보고 정하기로 하고 세 번째 원정을 계획했다.

원정하며 나는 코이카 협력 활동 프로젝트를 통해 지원받고자 신청서를 쓰기로 하고, 신청서를 쓰기 위해 필요한 것들의 견적을 받으러 다녔다. 제일 필요한 것은 우리의 결과물을 내보일 적정한 장소였다. 여러 곳을 방문하고 대관비를 의논했다. 그러다가 예전에 전시를 보러 갔던 곳이 생각이 나서 무작정 방문해 보았다. 문이 닫혀 있었다. 영업시간이 끝난 것 같았다. 같이 간 학생이 철문을 두들겨 보고 답이 없어 돌아가려는 데 문이 열렸다.

관리인의 안내로, 안으로 들어가 이 장소에 대해 알고 보니 예전에 이곳은 아이들의 제국 Empire des enfants으로 불렸고, 지난 18년 동안 긴박한 상황에 있는 딸리베들에게 의식주를 제공해 주던 시설이었다. 현재는 영화 제국 Cinéma Empire으로 불리며 동네 아이들에게 무료로 놀이와 교육을 제공하고, 더불어 전시, 영화 상영 등의 문화 행사에 사용되고 있다고 했다.

'이곳이 우리 프로젝트와 딱 맞는구나. 이곳에서 하면 정말 좋겠다.'

우연히 생각나서 갑자기 들린 장소에서 운명임을 느꼈다. 며칠 후 지배인을 만나 상의하고, 며칠 후 소유주를 만나 협의했다. 우리 프로젝트에 호의적이었으나 대관료, 프로젝트 사용료가 예상보다 비쌌다. 나는 비용에 따라 예산을 수정하고 학생들과 회의하고 함께 답사했다. 모두 그곳에 찬성했다. 소유주는 영화감독이자 상영 기사였는데 마침 다음 주부터 아프리카 여성 영화제라서 그곳에서 영화 상영을 한다고 했다. 무료 상영이므로 원하면 시간에 맞게 와서 관람하라고 알려줬다.

그래서 세 번째 원정의 날짜와 목적지를 정했다. 세네갈은 날씨와 여건상 야외극장이 여럿 있다. 그중 하나가 영화 제국이었다. 그러므로 아프리카 여성 영화제 영화가 상영되는 토요일 밤까지, 앞으로 우리의 전시와 영상이 펼쳐지게 될 곳을 향해 걷기로 했다. 상영에 맞춰 도착하도록 넉넉한 시간을 두고 오후에 학교에서 모여 출발하기로 했다. 두 번의 원정을 경험했던 터라 편하고 즐거운 마음으로 가볍게 발걸음을 내디뎠다.

영화 상영장까지는 시내 중심을 가로질러 가야 했다. 검은 매연을 내뿜는 자동차들이 가득한 도로 옆을 걷고 또 걸었다. 평소에는 길이며 도로며 어디든 돌아다니던 딸리베 아이들이 하나도 보이지 않았다.

"아이들이 없네. 여기도 아이들이 없어."

"딸리베들은 지금 코란 공부하러 다라에 들어갔을 거예요."

"아, 공부할 시간이구나."

학생들은 아이들을 못 만날 가능성이 크다는 것을 알면서도 함께 걸으러 나왔던 것이다. 아이들을 만나지 못해 인터뷰도 못했으니 쉼 없이 걸어야 했다. 나는 점점 뒤처졌다. 잠깐이라도 쉬기 위해, 잠깐 도넛을 사서 나눠 먹고, 잠깐 귤을 사서 나눠 먹었다. 결국 하나의 인터뷰도 하지 못했다. 이번에는 다리와 발이 매우 아팠다. 학생들의 배려와 도움으로 끝까지 걸어 상영시간에 맞춰 도착했다. 함께 걸은 학생들과 영화와 장소를 보기 위해 온 다른 친구들과 빈자리를 찾아 앉았다. 그리고 우리는 어둑해진 밤하늘 아래, 흰 벽에 쏘여지는 아프리카 여성 인권을 다룬 비극적인 단편 영화들을 보았다.

세 번째 원정 길위에서

지지와 반대

　우리는 시작에 앞서, 그리고 실행하면서 많은 사람들에게 소셜 아트 프로젝트 '딸리베 아이들의 꿈'을 설명했다. 대부분 지지하고 적극적으로 도와주었고 참여하고자 하는 사람들도 많아졌다. 이 결과물 전시를 아프리카에서 가장 오래된 국제 미술제인 다카르 비엔날레 DAKAR BIENNALE 2020의 OFF 스케줄에 등록하고자 하기 전까지는 문제가 없었다. 나는 다카르 비엔날레 OFF 스케줄에 등록하고자 한다고 학과장에게 도움을 청했고, 학과장은 바뀐 학교장과 논의했고, 학교장은 다카르 비엔날레 사무국과 논의를 했다. 학교장은 딸리베는 사회적으로 예민한 문제이니 조심하라는 주의를 주었다. 우리는 딸리베들의 열악한 환경과 삶을 비판하거나 고발하려는 것이 아니라, 그들의 꿈에 관한 이야기만 미술로 표현하여 전달하려고 한다고 강조했다. 그것이 순수한 우리의 목표였다. 그렇게 진행하는 것이라면 계속 진행해도 좋다는 답이 왔을 뿐 도움은 얻지 못했다.

　원정을 다녀온 후, 나는 학과장에게 지방에 가서 다라를 방문할 계획을 전하고 도움을 청했다. 내가 하는 일에 항상 호의적이었던 학과장은 반감을 비추며 다라는 방문하지 않았으면 한다며 학교장과 한 번 더 의논해 보겠다고 했다. '너희는 진정한 예술가야. 이 프로젝트 정말 멋져. 나도 꼭 같이 가고 싶어. 내가 차를 빌려보도록 할게. 운전도 할 수 있어.'라고 말하던 한 만학도 학생은 내가 학교장에게 설명하는 데 도와 달라고 하니 가지 말자고 답했다.

'내 언어능력과 설명이 한참 모자라서일까?'

    답답했다. 월로프어로 대화하기에 무슨 내용인지 정확히 알아들을 수는 없었지만, 학생들끼리 심각하게 의견을 주고받았다. 무아메드 샌이 앞장서서 학과장과 나와 함께 학교장에게 가서 차분히 설명을 해주었다. 학교장은 잘 이해했다며 이동에 대한 계획서 제출을 요구했다. 그리고 그 만학도 학생은 갑자기 자신은 사정이 있어 못 간다고 했다. 나는 이동 계획서를 제출하고 학교장의 승인을 받았다. 결과적으로는 학교장의 확실한 승인을 받아 자신 있게 원정을 갈 수 있게 되어 좋았다. 눈치 보는 사람은 뒤로 물러났고 도움은 또 얻지 못했다. 진심으로 가고자 하는 사람만이 남아 스스로 길을 만들어야 했다.

'괜한 짓을 하고 있는 것인가?'

'누가 하라고 한 것도 아니고, 하지 않아도 되는 일인데….'

    매주 프로젝트를 같이 하는 학생들과 모여 회의했다. 이번에는 3번의 원정을 다녀온 후, 각자 인물을 나누어 그린 딸리베 아이들의 초상화의 장단점을 살펴보고 표현 기법을 연구했다. 더 나은 작품의 방향과 전시 방향도 의논했다. 그리고 다음 주에는 갈 수 있는 여러 여건이 되는 세 명만 뚜바 링게르에 가기로 확정했다. 그 다다음 주에는 이드리사 디아뉘의 고향 생 루이에 열 명이 함께 가기로 했다.

'크고 작은 걸림돌이 나타나면 항상 주춤하게 돼.

특히 예술이란 걸 할 때,

지지해 주는 사람이 없을 때,

아무도 관심이 없는데,

오히려 반대하는데도....

내 시간과 돈과 정신적, 육체적 노력으로 작품을 만들 때,

더 회의가 들며 주춤하게 돼.

혼자였으면 그만두었을지도 모르지.

하지만 지금은,

반대보다 훨씬 많은 지지와

진심으로 열정을 다하는 학생들이 같이 있기에,

계속할 수 있을 것 같아.'

지지와 반대 속 소셜 아트 프로젝트 '딸리베 아이들의 꿈' 회의 중

마지막 원정 I

네 번째 원정 날이 되었다. 무아메드 샌과 이브라히마 은쟈예를 시외버스터미널에서 만나 아침 8시 출발 예정인 버스표를 사고 버스에 타서 자리에 앉았다. 좌석 사이의 공간에 보조 좌석을 만들어 무릎을 벌릴 수 없이 좁았다. 뚜바 링게르로 향하는 시외버스는 이것뿐이었다. 꼼짝하기 힘들어하며 5시간을 달려 뚜바 링게르 터미널에 도착했다. 어느 구석 천막에 앉아 갈아탈 차편을 기다리며 무아메드 샌을 아는 동네 이웃이 준 밥을 먹었다. 낡은 앰뷸런스 차가 왔다. 이 차는 환자 이송용이 아니었다. 이 동네의 마을버스 같은 역할로 동네 사람들이 자리도 없이 꽉 들어가 앉았다. 여기저기서 타고 내리다 비포장도로를 30분 이상 달렸다. 이리저리 머리를 쿵쿵 박았다. 어릴 적 아빠 차를 타고 비포장도로를 달리던 생각이 났다. '앰뷸런스 차를 타고 아프리카의 시골길을 달리다니 참 귀한 경험을 하는구나.'라고 생각하면서도 쿵쿵 부딪히느라 등이 너무 아파서 '삶은 고행이구나.' 생각했다.

그렇게 허허벌판을 한참 달려온 곳에 마을이 있었다. 그 지역의 예절에 따라 우리의 방문을 승인해 준 덕망 높은 마라부를 만나 인사하고, 초대에 감사하는 작은 선물을 건넸다. 차려준 음식을 먹고 학생들은 마라부와 월로프어로 담소를 나눴다. 이 마을 사람들은 모두 월로프어를 썼기에 나는 내가 아는 월로프어의 짧은 인사와 감탄사만 말했다. 학생들이 우리의 계획을 전했다.

한가로운 시골 마을, 마라부의 집은 다라이기도 했다. 모랫바닥에 돗자리를 깔고, 그늘막 아래에서 나무판에 숯으로 코란을 적고 읊으며 선생님에게 코란을 배우는 아이들이 있었다. 마을의 여자아이들은 코란 수업을 받고 자기 집으로 돌아갔다. 전국 각지에서 부모의 뜻에 따라 이 다라에 모인 남자아이들은 이곳에서 먹고 잤다. 이 아이들은 도시의 아이들처럼 돈이나 음식을 얻으러 다니지 않았다. 아이들은 미래를 꿈꿀 수 있었고, 마라부는 아이들이 가고 싶은 길로 떠날 수 있게 축복해 준다고 했다. 마을 사람들은 열심히 밭을 일구어 농작물을 내다 팔은 수익으로 아이들을 돌보고 생활했다. 좋은 환경은 아니었지만, 마을의 환경이 그러했다. 이 환경에서 할 수 있는 최선의 방법으로 사는 것 같았다. 마을 사람들과 아이들은 이 외진 마을에 몇십 년, 어쩌면 처음 방문하는 외국인일지도 모르는 나를 적대 없이 자연스럽게 맞아주었다.

 해가 저물어 갈 즈음 선생님의 도움을 받아 학생들은 아이들을 인터뷰했고 나는 촬영을 하였다. 인터뷰가 끝나면 티셔츠와 간식을 나누어 주웠다. 금세 어두운 밤이 되었다. 발전기로 밝혀진 등이 군데군데 있었다. 우리는 발전기로 충전을 한 핸드폰의 전등으로 길을 밝히고 다녔다. 늦은 밤이 되었고, 다라에서 제공해 준 음식을 맛있게 먹었다. 야외의 재래식 화장실에 핸드폰 전등을 비추니 도마뱀이 가득했고, 빛을 피해 빠르게 꿈틀거렸다. 문 없는 움막, 학생들은 모랫바닥에 돗자리를 깔고 누었고 나는 옆 움막, 모랫바닥 위 돗자리 위에 나에게만 특별히 제공해 준 스펀지 매트리스 위에 누었다. 바로 뒤에 당나귀 소리가 났다. 문 없는 움막을 통해 별이 보였다. 필터 없이 바람이 들어와 40도가 넘어도 견딜 수 있었다. 그래도 모기 퇴치제는 온몸에 듬북듬북 바르고 잠이 들었다.

뚜바 링게르의 한 작은 마을에서 마라부 세린 바다와 무아메드 샌

마지막 원정 II

서늘해진 느낌이 들어 눈이 떠졌다. 문 없는 움막의 밖이 밝았다. 아침 7시, 밖으로 나와 집 주위를 둘러봤다.

'나는 오늘 하루뿐이지만 이곳 사람들은 움막에서 돗자리 깔고 생활하는 것이 일상이지. 어디에나 같은 하늘이구나. 해가 밝는 건 똑같구나.'

아이들은 하나둘 깨어 모랫바닥에서 장난을 치며 놀기 시작했다. 언어로 대화가 되지 않아도 아이들은 나와 소통하려 하였다. 예술가를 꿈꾸는 한 아이는 허술하지만, 귀여운 자신만의 작은 천막을 보여주었고, 한 아이는 철사와 병뚜껑으로 만든 자동차들을 보여주었고, 한 아이는 모래색 담장 벽에 숯으로 그림을 그렸다. 뭉게구름이 떠 있는 파란 하늘, 은은한 햇빛 속에서 나도 아이들과 함께 잠시 그림을 그렸다. 손가락이 까매져도 좋았다.

이들이 지금처럼 평화롭게 살아갈 수 있다면 좋겠다. 나는 클렌징 티슈로 얼굴을 닦고 주전자의 물로 양치하고 세네갈 여자들이 편히 입는 튜닉으로 갈아입었다. 움막으로 돌아와 학생들과 카페 뚜바를 마시고 있으니 하나둘 아이들이 들어와서 모였다. 학생들은 월로프어로 아이들의 이름과 나이, 꿈을 묻고 나는 사진을 찍고 티셔츠와 간식을 나눠줬다. 어제 그리고 오늘 모두 49명을 만나 꿈 이야기를 들었다.

남자아이들은 코란 선생님, 운전사, 상인, 비행사, 예술가, 축구선수, 소방관, 군인, 가수, 제빵사, 경찰관, 의사, 대통령, 농부, 회사 사장이 꿈이라고 하였다.

닌자가 되고 싶다는 아이도 있었다. 여자아이들은 요리사, 코란 선생님, 승무원, 다라의 봉사자, 학생, 사육사, 재단사, 조산원, 간호사 등 다양한 꿈을 말해주었다. TV가 있는 집에서 다양한 프로그램들을 봐서인지 닌자가 꿈이라는 아이가 있다는 게 신기했다.

    인터뷰가 끝나고 옆집의 장례에 갔다. 학생들은 노래를 부르며 앞사람을 따라 빙빙 도는 추모 행렬에 합류했고, 나는 다른 조문객들 사이에 앉아 있었다. 그곳에서 점심 식사 후 뚜바 Touba로 가는 장례 행렬 차량을 함께 타기로 했다. 버스는 시동이 걸리지 않아 수차례 앞에서 밀었다가 뒤에서 밀기를 반복했고, 한 시간여 만에 버스에 탔다. 중형버스 내부 가득 간이 좌석을 빼곡히 놓고 사람들이 빼곡히 탔다. 30인용 버스에 60명이 탄 것 같다. 그리고 버스 지붕 위에 몇 명이 더 올라타서야 출발했다. 비포장도로를 달리는데 엉덩이가 너무 아파 힘들었다.

    40여 분을 달려 포장도로로 진입했고 얼마 후 차가 멈췄다. 앞선 차량의 전복 사고 때문이었다. 7인용 승용차 지붕 위에 쌀 포대를 높이 얹고 가다가 중심이 치우쳐 차가 넘어진 것이었다. 사고 난 차에 탔던 사람들은 나무 그늘 밑에 누워 있고, 쌀 포대는 이곳저곳에 널브러져 있었다. 다행히 큰 부상자는 없었다. 버스의 승객들이 일을 돕고 다시 버스의 지붕 위에 올라타고, 다시 목적지를 향해 출발했다. 기준치 적정량을 훨씬 초과한 짐을 싣고, 제한 인원을 훨씬 초과한 승객을 태우고, 창문이 떨어져 가는 차 지붕 위에 양도 태웠다. 시골로 갈수록 더 심각한, 이곳의 일상이다.

    '부디 사고 없이 모두 무사하길….'

목적지인 세네갈 무슬림의 최고 성지 뚜바에 도착했다. 그제야 핸드폰 안부 문자 메시지를 보고 그동안 통화 서비스가 안 되는 지역에 있었다는 것을 알았다. 학생들과 나는 세네갈에서 가장 크다는 이슬람 모스크 사원을 방문하기로 했다. 여자는 노출을 주의해야 해서 겉에 생활 한복을 덧입고 스카프로 얼굴을 감쌌다. 신발을 벗고 양말 신은 발로 사원의 바닥을 디뎠다. 유럽의 웅장한 성당같이, 한국의 수려한 절같이, 세네갈의 이슬람 사원 모스크도 그 종교의 건장함을 그만의 독특한 양식으로 과시했다. 꼭 가보고 싶었던 모스크에 난생처음 방문했고, 꼭 만나고 싶어 했던 뚜바 링게르의 지혜로운 마라부도 만난 이브라히마 은쟈예는 나에게 나 같은 외국인이 이런 경험을 하는 것은 드문 행운이라고 뿌듯해하며 말했다. 이후 어렵게 합승 택시를 잡아타고 네 시간을 더 달려 집에 돌아왔다. 드문 행운을 경험하고 무사함에 안도하며 시원하게 샤워했다.

'이제 다다음 주에는 생 루이로 다섯 번째 원정을 떠나겠구나.'

생각하며 내 집의 내 방의 타일 바닥 위 매트리스의 포근함을 느끼며, 잠들었다.

아이들의 도화지

제 3장 멈춤, 그리고 계속

코로나19 바이러스, 세네갈에 착륙하다

네 번째 원정의 여독을 녹이고 활동 물품 구매과 수업, 프로젝트 회의를 준비하던 며칠 후, 코이카 세네갈 사무소에서 자가 대기 지침이 왔다.

중국에는 2019년 12월 8일 우한시에서 원인 불명의 폐렴 환자가 처음 보고되었다. 2020년 1월 7일, 원인 불명의 폐렴은 신종 코로나 바이러스에 의해 유발된 것으로 밝혀졌고, 세계적으로 퍼져 나갔다. 한국에는 2020년 1월 20일 첫 확진자가 발표되었다. 세네갈에는 3월 2일 첫 확진자가 발표되었다. 이틀 뒤인 3월 4일에는 4명으로 늘어났고, 그들은 모두 비행기 타고 온 외국인들이었다.

걱정하면서도, 아프리카는 온도가 높아 바이러스가 퍼지기 힘들다는 소문이 맞는지도 모른다고 생각하며, 코로나19 바이러스의 감염 속도를 체감하지 못하고 있던 터였다.

'세네갈까지 코로나19 바이러스가 착륙하다니….'

비상 체계에 따라 확진자가 나온 수도 다카르 지역 단원들은 우선 10일간 생필품, 식재료 등을 구비하고 집에서만 대기하고 있으라는 지침이었다.

'학교에 꼭 가야 하는데…. 한인분이 운영하시는 문구점 사장님이 학생들에게 미술용품 재고를 기부해 주신다고 해서 받으러 가기로 했는데…. 물품 사진도 찍어야 하고, 수업도 있고…. 무엇보다 뚜바 링게르 다녀온 후 결과를 학생들과 논의해야 하는데….'

가장 먼저 든 생각은 학교에서 해야 할 일정뿐이었다. 급한 일부터 처리하고

10일간의 고립을 위한 준비를 마쳤다. 보고서를 쓰고, 프로젝트 파일을 정리했다. 그리고 먹고 싸는 일 외엔 아무것도 하지 않은 것 같다. 빨리 지나가길 바라며 시간을 소모했다.

그러나 세네갈 내 확진자는 조금씩 계속 늘어났고, 지역도 확대되어 갔다. 어떤 나라 단원들은 벌써 귀국 조치가 있었다.

'이렇게 떠날 수도 있겠구나.'

'일 년을 넘게 고민해서 파견 기간을 일 년 연장했는데….'

'다카르 비엔날레 OFF 스케줄 등록도 승인받았는데….'

'협력 활동 신청한 것이 이제야 승인이 나서 이제야 프로젝트를 위한 금전적 지원을 받을 수 있는데….'

'이제 100명 인터뷰를 끝냈는데….'

'이제 진짜 시작인데…..'

'학생들 보고 싶다.'

'벌써 그립다.'

길위에선 아이들의 꿈-무아메드 샌 그림

긴급 일시 귀국

    2020년 3월 16일, 자가 대기 12일째, 오전 11시경 코이카 세네갈 사무소에서 전화가 왔다. 4일 후 귀국 비행기를 탈 것이니 신변 정리를 하고 짐을 싸 놓고 있으라고 했다. 눈물이 나고 한숨이 나왔다.
    '나만의 첫 집을 떠나야 하는구나. 다시 돌아오지 못할 수도 있겠구나.'
    한참을 멍하게 있다가 친구들에게 나눠 줄 것들부터 정리를 했다.
    3월 17일, 오전 10시경 사무소에서 전화가 왔다. 오늘 오후 6시 비행기를 탈 것이니 짐 챙기고 대기하라고 했다. 며칠 시간이 있다고 생각하고 짐을 싸 놓지 않은 상태였다. 뭐부터 해야 할지 몰라 안절부절못했다. 울고불고할 시간이 없었다. 떠나기 위한 짐을 싸는 게 우선이었다. 나는 슬퍼할 틈 없이 짐을 싸고 있었다. 세 시간 후, 사무소에서 전화가 왔다. 오늘 비행기는 취소되었고, 토요일이나 일요일 비행기를 알아보고 있다고 했다. 긴장이 어느 정도 사라지자, 복통이 있었다. 잠시 쉬면서 아껴 두었던 컵밥과 통조림을 꺼내 사치스럽게 밥을 먹었다.
    '아끼지 말고, 그때그때 먹을 걸….'
    초상화 프로젝트 작품과 학생들에게 나눠줄 미술용품과 선물 상자 여러 박스, 그리고 내가 좋아하며 쓰던 생필품들 여러 박스, 옷과 신발 등 여러 박스를 나눠 학과장에게 전달했다.
    "내가 3개월 안에 다시 돌아오지 못하면 네가 알아서 나눠주고 쓰길 바라."

촉박한 일정 속 갑작스러운 부탁에도 한걸음에 달려와 준 학과장, 나의 친구이자 언니, 밝은 미소와 짓궂은 장난을 치면서도 누구보다 학생들을 생각하고 나를 이해해 주는 녜예 아스뚜 파예와 훌쩍이며 작별 인사를 나눴다.

'하루아침에 코로나19 바이러스가 사라져서 3개월 안에 돌아올 수 있기를….'

'이렇게 떠나야 하는 거야? 아, 정말 떠나기 싫다.'

하면서도 정리를 했다.

3월 18일, 아침 8시 마스크를 쓰고 밖에 나가 쓰레기를 버리고, 은행에 가서 계좌 폐지 신청을 했다. 오랜만의 외출이었다. 집에는 처분하기 어려운 가전제품과 매트리스, 책상, 의자 등이 남겨졌다. 나는 가져갈 짐과 함께 대기하고 있었다. 오후 2시 30분경 사무소 차량이 도착했다. 오후 4시경 사무소 근처 임시 숙소에 도착하였다. 모든 단원이 1인 1실로 배정되어 각자의 방에서 대기했다. 수하물 무게에 맞추기 위해 짐을 풀고 싸는 것을 반복했다.

3월 19일, 오전 대기 시간에는 방에서 학생들이 보내준 원고를 정리하며 프로젝트 파일을 수정했다.

'소셜 아트 프로젝트를 위한 네 번째 원정은 마지막 원정이 되겠구나.'

학생들은 내가 집을 떠나 임시 숙소 있으며 곧 한국으로 떠나기 위해 대기 중이라는 사실을 알지 못했다. 차마 학생들에게 그 말을 할 수가 없었다. 내가 자가 대기를 시작하고 며칠 후 학교도 임시 방학에 들어가서 학생들과 나는 WhatsApp 그룹 메신저로 의견을 주고받았다. 활동을 다 하고 직접 얼굴 보며 살짝 눈물도 흘리며 포옹하는 작별 인사만을 생각했었다. 이런 이별은 정말 상상치도 못했다. 어쨌든 21일 출국으로 확정되었다.

잠시 후, 세네갈 대통령은 21일부터 모든 입출국을 금지한다는 발표를 했다. 오후 6시, 입출국 금지 발표로 출국일이 변경되었다. 내일 오후 출발해서 3번의 경유를 하고 4일이 걸려 도착하는 일정으로 위탁수하물은 가져갈 수 없고, 기내 수하물 7kg만 가지고 떠날 수 있다고 했다. 지금은 입출국 금지 21일 전에 모든 단원이 세네갈을 떠나 무사히 도착하는 게 가장 중요한 사무소의 임무였다. 비상사태 속에서 사무소의 지침을 따를 뿐이었다. 기내 수하물로 들고 갈 배낭에 노트북을 넣고 중요한 소지품을 넣었다. 7kg가 되었다. 밤에 연락이 왔다. 23kg 위탁수하물을 공항에 가져가 현장에서 협의해 보겠다고 했다. 캐리어에 넣을 짐을 다시 쌌다. 다 주고, 다 버리고, 다 놓고 가야 한다.

　　"정말 한 치 앞도 알 수 없는 세상이야!"

　　라는 말만 계속해서 중얼거렸다.

　　3월 20일, 아침에 환전하고 12시 30분 공항에 도착했다. 사무소 분들은 몇 날 며칠 밤새우면서 티켓과의 전쟁을 하고 계셨다. 오후 4시 비행기인데 계속 대기했다. 조금 덜 경유하고 안전한 비행 편으로 또 변경되었다. 오늘 밤 11시 출발이었다. 입출국 금지 한 시간 전 세네갈을 떠날 수 있는 마지막 비행기였다. 다카르에서 에티오피아로, 에티오피아에서 한국으로 1번 경유하고 수하물 23kg짜리 짐 두 개를 가지고 갈 수 있었다.

　　'진짜.... 진짜 가는구나....'

　　펑펑 울고 싶은데 긴박한 일정 탓인지 눈물을 흘릴 새도 없었다. 학생들과 친구들에게 코로나19 바이러스 때문에 갑자기 떠나게 됐다는 작별 인사를 WhatsApp 메시지로 남겼다.

입출국 금지 전날의 다카르 블레즈 디아뉴 국제공항에서

우리 스스로를 지켜요

　무사히 한국에 착륙했다. 여러 공항을 거치며 여러 사람들을 보았다. 마스크를 안 쓴 사람, 가벼운 마스크를 쓴 사람, 두꺼운 마스크를 쓴 사람, 마스크를 2개 쓴 사람, 마스크에 고글에 장갑을 낀 사람, 일회용 방역복을 입은 사람 등이 있었다.

　세계보건기구 WHO는 전염병이 전 세계적으로 크게 유행하는 현상인 팬데믹을 선포했다. 하계 올림픽이 세계대전으로 취소된 적이 있었으나 감염병으로 연기된 것은 124년 만에 처음이었다. 이렇게 위험한 상황이니, 마스크를 쓰면 숨쉬기 힘들지만 나와 타인을 전염성 강한 바이러스로부터 최소한이라도 보호하기 위해서는 마스크를 쓰는 것이 당연한 것이었다. 그러나 당연하다고 생각하지 않는 사람들도 있었다.

　핸드폰 유심칩을 바꾸고 가족에게 전화해서 무사 귀환을 알렸다. 귀국 당시 자가격리가 의무는 아니었지만, 나는 임시 격리 숙소를 신청해서 입소했다. '위험성 줄이기' 14일간 방 밖으로 나가지 않고 혼자 있었다. 정말 보고 싶던 한국 TV가 며칠 만에 싫증이 났다. 매일 비슷한 도시락도 싫증 났다.

　WhatsApp으로 학생들과 친구들과 영상통화하고 메시지를 주고받았다. 한국에 왔다는 반가움보다 세네갈을 떠났다는 아쉬움이 훨씬 컸다. 사진을 정리하다가, 학생들을 그리다가, 짧은 애니메이션 영상을 만들었다.

'우리가 처음 알게 되고,
　코로나19 바이러스가 나타나 슬퍼하며 헤어지게 되고,
　　그러나 방역을 잘해서 코로나가 사라지고 다시 만나는....'
꼭 그러하길 바랐다.

PROTÉGEONS NOUS MÊME! POUR REVOIR LIBREMENT BIENTÔT!

'우리 스스로를 지켜요 ! 곧 자유롭게 다시 만나기 위해 !'

코로나가 사라지면 우리 예전처럼 꼭 만나요

한국에, 내가 살던 집에 돌아왔다. 2여 년의 시간이 갖는 공백이 느껴지지 않는다. 낯섦이 없었다. 오히려 그 2여 년 동안의 필름은 싹둑 잘린 듯했다. 2여 년 동안 잊고 살았던 것들이 생생하게 기억이 났다. 가족도 친구도 마치 어제 만난 듯했다. 돌아와서 나을 것이 없었고 집에 와서 좋은 것이 없었다. 우울했다. 피부가 쩍쩍 갈라져 각질이 일어나고, 눈 다래끼가 나고, 팔에 두드러기가 나기도 하고 했다.

다카르 비엔날레는 연기되었다. 세네갈로의 복귀는 어렵기에 협력 활동 지원도 무산되었다. 세네갈 집에 남은 물건들은 중개인 친구 아다마 케이타가 처분해 줬다. 적정한 수고비가 중개인 친구에게 전달되었고 나머지 금액은 프로젝트 전시를 위해 써 달라는 기부 증명서와 함께 학교에 전달되었다.

'세네갈에서 살던 곳에 내 흔적은 사라지네. 완전히….'

몇 개월이 흘렀다. 학교의 임시 방학은 장기로 연장되었다. 학생들은 자신의 고향집에 머문다고 했다. 메신저를 통해 계속 학생들의 과제를 검사했다. 세네갈에 있는 친구들과 메시지를 주고받았다. 그럴 때만 내가 그들과 함께 지냈었음이 사실이었다고 느껴졌다.

한국으로 돌아왔으므로 여기서 할 수 있는 일을 하면 되었다. 나는 온라인으로 단원들과 함께 코이카 봉사활동 안내서 '환대의 나라 세네갈, 테랑가 속으로' 개정판 집필을 했다. 코이카에서 주관하는 동화책 프로젝트에 참여하여

'돌멩이 수프 La Soupe de Pierres' 동화책 그림을 그렸고, 영상 북을 위한 내레이션에 참여했다. 한국해외봉사단 연합회를 통해 국립예술대학교 1학년의 한 학생에게 희망장학금을 전달하였다. 해외봉사단원 파견은 코로나19 바이러스가 종식될 때까지 무기한 연기되었다.

'우리 곧 만나요.
비행기처럼 빠른 코로나가 우리를 떨어져 있게 한데도,
비행기보다 빠른 인터넷은 우리를 같이 있게 하니까,
코로나의 시계가 멈출 때까지 잘 지켜내 보아요.
당신 덕분에, 서로의 존재에 감사하며 이겨내요.
코로나가 사라지면 우리 예전처럼 꼭 만나요!'

코로나가 사라지면 우리 예전처럼 꼭 만나요!

귀국한 지 302일째

학생들에게서 WhatsApp으로 영상통화가 왔다. 메신저로 연락은 자주 했지만, 학교에 모여 있는 학생들과 영상통화는 처음이었다. 코로나19 바이러스로 7개월 동안 학교가 문을 닫아 모일 수 없었기 때문이다.

"안녕"

"안녕하세요"

반가운 한국어 인사.

"봉쥬르"

프랑스어 인사.

"냥가뎁"

월로프어 인사를 했다. 정말 반가운 얼굴이었지만 다들 마스크를 안 쓰고 있어서 걱정스러웠다. 오늘 발표한 어제 일일 코로나19 바이러스 한국 확진자는 386명, 세네갈 확진자는 196명인 상황이기 때문이다.

어쨌든, 연말연시 방학이 끝나고 수업이 정상적으로 진행되고 있었다. 학생들은 나에게 소셜 아트 프로젝트 회의를 했다고 알려주며 결과를 보여주었다. '딸리베 아이들의 꿈' 플랜카드를 손수 만들어 걸고, 학생들이 그린 아이들의 초상화와 꿈 그림들을 복도 벽에 붙여 놓았다. 영상의 화질이 그다지 좋지 않았지만, 학교의 복도와 분위기, 작품에서 보이는 열정은 잘 느껴졌다. 학생들의 작품은 내가 마지막으로 봤던 것보다 기본 드로잉이나 표현 기법, 완성도가 훨씬 좋아졌다. 나 없이도, 그들 스스로 느리지만 계속해서 하고 있었다. 언제 다 완성할 수 있을지, 어디서 전시할 수 있을지 모르지만 그만두지 않았다. 나는 눈물을 글썽였다. 시간이 갈수록 이 프로젝트는 미완성으로 끝나겠지 싶은 마음이 커졌었다. 하지만 학생들이 자주적으로 아주 잘하고 있어서 감동했다. 발달장애가 있는 자밀라 이누사도 계속 참여하고 있었다. 작품도 개성이 가득하고 훨씬 보기 좋아졌다.

"너희들 정말 멋져! 엄청나게 발전했네! 너희끼리도 아주 잘하고 있구나! 정말 많이 기쁘다."

"선생님, 우리도 많이 기뻐요! 그리고 이건 당신의 프로젝트에요. 우리는 당신께 항상 감사해요."

나에게 그렇게 말해줘서 고마웠다.

'나 없이도 잘하는구나!'

'나도 저기에 있었으면 좋았을 텐데….'

'나도 같이하고 싶다.'

아쉬움과 함께, 나를 잊지 않고 여전히 나와 함께 하고 있다고 생각해 줘서 기뻤다. 귀국 한지 302일째가 되니 내가 프로젝트를 기획하며 맡기로 했던 영상작업을 잊고 있었다는 것이 생각났다. 끝이 아니다. 오래 걸릴 뿐이다. 그러니 나도 다시 작업을 시작해야겠다.

소셜 아트 프로젝트 '딸리베 아이들의 꿈'은 현재 진행 중

마침내

코로나19 팬데믹은 우리의 계획을 잠시 멈추게 했지만, 꿈을 꺾을 수는 없었다. 2020년, 다카르 비엔날레에서의 전시를 준비하며 가슴 벅찬 기대와 함께 시작된 프로젝트는 세계를 휩쓴 바이러스로 인해 일시적으로 중단되었다. 그동안의 노력과 준비가 허사가 되는 듯한 절망감이 밀려왔지만, 그 속에서도 우리는 딸리베 아이들의 이야기를 세상에 전하고자 했던 꿈을 포기하지 않았다. 길이 막히고 시간이 멈춘 듯했지만, 그들의 꿈은 우리의 마음속에서 여전히 빛나고 있었다.

그렇게 2년이 흘렀고, 함께했던 학생들은 졸업하여 예술가가 되었고 팬데믹 속에서도 예술활동을 이어가며 그 기억을 품고 있었다. 프로젝트는 멈춘 것이 아니었다. 예술가들의 마음 속에서, 딸리베 아이들의 이야기와 꿈은 여전히 살아 품 쉬고 있었다.

마침내, 2022년 11월, 서울의 KB 청춘마루에서 첫 전시가 열렸다. 팬데믹의 긴 어둠을 지나 열린 전시는 그 꿈이 세상에 나온 순간이었다. 비록 여건상 세네갈 예술가들은 함께하지 못했지만, 그들의 작품과 영상은 전시장에서 빛을 발하며 그들의 존재를 대신했다. 한국의 인터넷 신문인 문화 뉴스, 디스커버리 뉴스, 국제 뉴스에 이 전시가 보도되면서 딸리베 아이들의 꿈은 조금씩 더 넓은 세상으로 퍼져나갔다.

한국에서의 전시

그리고 2023년 1월, 세네갈 다카르의 블레즈 상고르 문화 센터 Centre culturel Blaise Senghor에서 두 번째 전시가 열렸다. 나는 현장에 함께하지 못했지만 세네갈의 예술가들이 보내온 사진과 소식을 통해 그날의 분위기를 고스란히 느낄 수 있었다. 그들은 전시 장소를 직접 섭외하고, 디스플레이와 프로그램 기획까지 주도적으로 준비했다. 스스로의 힘으로 전시를 완성해낸 그들은, 과정 속에서 프로젝트의 의미를 더욱 깊이 되새겼다고 전해주었다.

이 전시에는 딸리베 아이들과 지역의 아이들이 초대되었다. 사진 속 전시장은 호기심으로 가득했다. 딸리베 아이들의 이야기는 작품이 되었고, 예술은 다시 그들의 목소리가 되어 퍼져나갔다. 전시 기간 중에는 세네갈 현지 방송사 Kulanjan TV에서 인터뷰와 보도를 진행해, 전시의 의미가 퍼졌다. 팬데믹은 우리의 계획을 멈추게 했지만, 그 시간을 지나며 우리는 더 단단해졌다.

세네갈에서의 전시

'이 전시를 통해 우리는 알게 되었다.

예술은 아름다움을 그리는 것을 넘어,
삶의 이야기를 담고,
희망을 품으며,
변화를 이끄는 힘이 있다는 것을.

우리는 그 길의 첫걸음을 내디뎠고,
그 길 위에는 여전히 꿈꾸는 아이들과
그들의 이야기에 귀 기울이는 사람들이 함께하고 있다.'

그 밖에 이야기

CHEZ MBAYE

띠에스 Thiès 홈스테이에서의 음바예씨 가족들

파뚜, 아쟈, 올리마따, 다우, 아스뚜, 무아메드

ADESINA

2018년도 5~6월에 띠에스 Thiès 언어교육원에 함께 했던 모두를 기억하며....

노르스름한 땅과 집들은 포근한 인상이었고 아데시나의 선생님들은 밝고 에너지가 강했다. 소, 돼지, 양들이 알아서 잘 돌아다니고, 말 마차와 매연을 가득 뿜는 버스와 택시들이 있었다. 고양이들도 세네갈 사람들처럼 포스 있고 매력있었다. 매일매일 세네갈 사람들의 스타일에 감탄했다. 낮에는 매우 덥지만 바람이 있어 평화로웠고, 여기에 이렇게 있다는 것이 신기했다. 하루 8시간 이상씩 어학 공부하는 것이 너무 감사하고 재미있었다.

사파리 투어 후 원숭이에게 커피 뺏기기 직전

홈스테이 아버지 따라 가본 밭의 소중한 우물

친구따라 놀러 간 어느 집 마당에서

세네갈 종교의 95%를 차지하는 이슬람의 라마단 기간이었다.

다들 해가 떴을 때는 금식하고 하루에 다섯 번 기도한다.

금요일 오후에 남자들은 흰색 오바상쥬를 입고 모스크에 가서 기도한다.

라마단이 끝나는 날은 꼬리떼 La Korite라고 불린다.

꼬리떼를 맞아 가족들과 함께 만찬을 즐긴다.

카메라 렌즈 볼 줄 아는 똑똑한 염소들

하얀 토끼는 빨간 눈을 가졌어요.

검은 토끼는 검정 눈동자를 가졌어요.

토끼와 거북이, 띠에스 나의 집 지붕 아래.

일요일 오후

장미빛 호수 Rac Rose

그리고 소금

붉게 물든 노을

까올락 Kaolack 지역 보건소
영유아 예방접종실 벽화 봉사.
3박 4일 동안 벽화를 시안대로 그려내었다.
세네갈 친한 단원들과 뜻이 맞아
한 마음으로 정신없이 열중했던 시간.

유리위에 애나멜 물감으로 겹겹이 물감을 올리며

생 루이 섬 Saint-Louis에 있는 에펠의 흔적

페이드 헤르베 다리 Pont Faidherbe

세네갈에서 내 이름은 아스뚜.

제일 많은 남자 이름 무아메드, 제일 많은 여자 이름 아스뚜.

아스뚜는 약국 건물 4층에 살아요.

아스뚜 이웃들과의 하루를 완전 아날로그 방식 애니메이션으로 보여드려요.

세네갈 국립예술대학교 학생들과 함께 한
소셜 아트 프로젝트

초판 1쇄 2025년 9월 1일

지은이	bluefairy 정지은
펴낸곳	드호와위망
출판등록	2023년 2월 3일 제 2023-000030호
상표등록	제 40-2007910호
이메일	droitshumains@naver.com
인스타그램	droitshumains_official
블로그	https://blog.naver.com/droitshumains

ISBN   979-11-984408-0-8(03800)

Copyright 2025. 정지은 bluefairy JUNG Ji Eun All right reserved.

본 책은 저작자의 지적 재산으로서 무단 전재와 복제를 금합니다.
정가는 뒤표지에 있습니다. 잘못 만들어진 책은 바꾸어 드립니다.